살다가 보면

한 국 대 표
명 시 선
1 0 0

이 근 배

살다가 보면

시인생각

■ **시인의 말**

모국어에 바치는 글

    시가 무엇인가 하는 물음을 나는 자주 듣는다. 인류가 시를 처음 가진 날로부터 끝없이 묻고 대답했을 이 화두에 나는 '사람의 생각이 우주의 자장을 뚫고 만물의 언어를 캐내는 것'이라고 적은 일이 있다. 어차피 시를 가리키는 말은 허사虛辭일 뿐 그 적확한 풀이는 한 편 한 편의 시가 내포하고 있는 것이다.

    나는 우주보다 더 너른 어머니의 나랏말씀과 대자연의 어떤 소리까지도 다 담아낼 수 있는 한글이 있는 나라에서 태어난 것을 무량의 은혜이고 홍복임을 나이가 들어서야 뼛속 깊이 새기고 있다. 내 어리고 무딘 붓끝으로 저 불가사의의 세계의 티끌 하나인들 어찌 그려낼 수 있으랴. 부질없음을 깨달으면서도 나무나 풀, 새나 물고기들의 지저귐에 귀 기울이며 시간을 파먹고 있는 것이다.

한국 현대시가 진정한 모국어의 닻을 올린 지 100년, 개벽처럼 눈부시게 모국어를 일깨워온 이 땅의 큰 스승들께 향을 피워 올리는 뜻으로 이 소책자를 바친다.

2013년 5월 3일

이 근 배

차례 ─────────── 살다가 보면

시인의 말

1
냉이꽃　13
문　14
살다가 보면　15
겨울행　16
금강산은 길을 묻지 않는다　18
내가 산이 되기 위하여　20
오디　21
사람들이 새가 되고 싶은 까닭을 안다
　—수국水國에 와서　22
모자를 벗고　24
찔레　26

한국대표명시선100 이 근 배

2

겨울 자연　29

잔盞　30

그곳이 참하 꿈엔들 잊힐리야　31

노래여 노래여　32

북위선北緯線　35

풀꽃　39

사랑 앞에서는 돌도 운다 —벼루읽기　40

빼앗긴 말 —벼루읽기　42

하동河童 —벼루읽기　43

절필絶筆　44

3

명사산鳴沙山 —돈황敦煌 1　47

노을　48

이 산 저 산　49

깃발　50

억새　52

수사修辭　53

서해안　54

들길에서　55

귀가　56

들꽃　57

대백두大白頭에 바친다　58

4

독도 만세　67

자화상　70

선죽교　73

다시 냉이꽃　74

만해백담萬海百潭　76

개화기　78

유랑 악사　79

한강은 솟아오른다　80

달은 해를 물고 −벼루읽기　84

내가 왜 산을 노래하는가에 대하여　86

옥봉玉峰 이씨李氏에게 답함　88

5

연가戀歌 91

황진이 92

매디슨 카운티의 다리 94

황홀 96

부침浮沈 97

사뇌가思腦歌 98

지귀志鬼 100

목련 101

동해 바닷속의 돌거북이 하는 말 102

벽壁—휴전선에 103

이근배 연보 106

1

냉이꽃

어머니가 매던 김밭의
어머니가 흘린 땀이 자라서
꽃이 된 것아
너는 사상을 모른다
어머니가 사상가의 아내가 되어서
잠 못 드는 평생인 것을 모른다
초가집이 섰던 자리에는
내 유년에 날아오던
돌멩이만 남고
황막하구나
울음으로도 다 채우지 못하는
내가 자란 마을에 피어난
너 여리운 풀은.

문

내가 문을 잠그는 버릇은
문을 잠그며
빗장이 헐겁다고 생각하는 버릇은
한밤중 누가 문을 두드리고
문짝이 떨어져서
쏟아져 들어온 전지 불빛에
눈을 못 뜨던 버릇은
머리맡에 펼쳐진 공책에
검은 발자국이 찍히고
낯선 사람들이 돌아간 뒤
겨울 문풍지처럼 떨며
새우잠을 자던 버릇은
자다가도 문득문득 잠이 깨던 버릇은
내가 자라서도
죽을 때까지도 영영 버릴 수 없는
문을 못 믿는 이 버릇은

살다가 보면

살다가 보면
넘어지지 않을 곳에서
넘어질 때가 있다

사랑을 말하지 않을 곳에서
사랑을 말할 때가 있다

눈물을 보이지 않을 곳에서
눈물을 보일 때가 있다

살다가 보면
사랑하는 사람을
사랑하지 않기 위해서
떠나보낼 때가 있다

떠나보내지 않을 것을
떠나보내고
어둠 속에 갇혀
짐승스런 시간을
살 때가 있다

살다가 보면

겨울행

1

대낮의 풍설은 나를 취하게 한다
나는 정처 없다
산이거나 들이거나 나는
비틀걸음으로 떠다닌다
쏟아지는 눈발이 앞을 가린다
눈발 속에서 초가집 한 채가 떠오른다
아궁이 앞에서 생솔을
때시는 어머니.

2

어머니.
눈이 많이 내린 이 겨울
나는 고향엘 가고 싶습니다
그곳에 가서 다시 보고 싶은 것이 있습니다
여름날 당신의 적삼에 배이던 땀과
등잔불을 끈 어둠 속에서 당신의
얼굴을 타고 내리던 그 눈물을 보고 싶습니다
나는 술 취한 듯 눈길을 갑니다

설해목雪害木 쓰러진 자리
생솔 가지를 꺾던 눈밭의
당신의 언 발이 짚어가던 발자국이 남은
그 땅을 찾아서 갑니다
헌 누더기 옷으로도 추위를 못 가리시던
어머니
연기 속에 눈 못 뜨고 때시던
생솔의, 타는 불꽃의, 저녁나절의
모습이 자꾸 떠올려지는
눈이 많이 내린 이 겨울
나는 자꾸 취해서 비틀거립니다.

금강산은 길을 묻지 않는다

새들은 저희들끼리 하늘에 길을 만들고
물고기는 너른 바다에서도 길을 잃지 않는데
사람들은 길을 두고 길 아닌 길을 가기도 하고
길이 있어도 가지 못하는 길이 있다
산도 길이고 물도 길인데
산과 산 물과 물이 서로 돌아누워
내 나라의 금강산을 가는데
반세기 넘게 기다리던 사람들
이제 봄, 여름, 가을, 겨울
앞 다투어 길을 나서는구나
참 이름도 개골산, 봉래산, 풍악산
철 따라 다른 우리 금강산
보라, 저 비로봉이 거느린 일만 이천 멧부리
우주만물의 형상이 여기서 빚고
여기서 태어났구나
깎아지른 바위는 살아서 뛰며 놀고
흐르는 물은 은구슬 옥구슬이구나
소나무, 잣나무는 왜 이리 늦었느냐 반기고
구룡폭포 천둥소리 닫힌 세월을 깨운다
그렇구나

금강산이 일러주는 길은 하나
한 핏줄 칭칭 동여매는 이 길 두고
우리는 너무도 먼 길을 돌아왔구나
분단도 가고 철조망도 가고
형과 아우 겨누던 총부리도 가고
손에 손에 삽과 괭이 들고
평화의 씨앗, 자유의 씨앗 뿌리고 가꾸며
오순도순 잘 사는 길을 찾아왔구나
한 식구 한솥밥 끓이며 살자는데
우리가 사는 길 여기 있는데
어디서 왔느냐고 어디로 가느냐고
이제 금강산은 길을 묻지 않는다

내가 산이 되기 위하여

어느 날 문득
서울 사람들의 저잣거리에서
헤매고 있는 나를 보았을 때
산이 내 곁에 없는 것을 알았다
낮도깨비같이 덜그럭거리며
쓰레기 더미를 뒤적이며
사랑 따위를 팔고 있는 동안
산이 떠나버린 것을 몰랐다
내가 술을 마시면
같이 비틀거리고
내가 누우면 따라서 눕던
늘 내가 되어 주던
산을 나는 잃어버렸다
내가 들르는 술집 어디
만나던 여자의 살 냄새 어디
두리번거리고 찾아도
산은 보이지 않았다
아주 산이 가버린 것을 알았을 때
나는 피리를 불기 시작했다
내가 산이 되기 위하여

오디

어린 날 끝물 뽕잎을 따러
보리밭 머리 등 굽은 뽕나무에 올라앉으면
누에가 고치를 짓기 전의 세상이
검붉은 열매로 매달려 있다
감꽃처럼 떫은 첫 입맞춤이 닿기 전의
혀끝과 입술에 녹아드는 오디
누에는 왜 명주실로 집을 지어
나방이가 되지 못하고 끝나는 것일까
보리밭이랑 넘어가는
맨발 계집애의 가는 허리를 보다가
손에 쥔 오디가 으깨지고 으깨지고
쉬, 쉬, 쉬, 쉬잇
무지개 서는 오줌발에
깜부기로 마스러지는
뽕나무 위의 하늘

사람들이 새가 되고 싶은 까닭을 안다
― 수국水國에 와서

여기 와 보면
사람들이 저마다 가슴에
바다를 가두고 사는 까닭을 안다
바람이 불면 파도로 일어서고
비가 내리면 맨살로 젖는 바다
때로 울고 때로 소리치며
때로 잠들고 때로 꿈꾸는 바다
여기 와 보면
사람들이 하나씩 섬을 키우며
사는 까닭을 안다
사시사철 꽃이 피고
잎이 지고 눈이 내리는 섬
사랑하는 이들을 위해
별빛을 닦아 창에 내걸고
안개와 어둠 속에서도
홀로 반짝이고
홀로 깨어있는 섬
여기 와 보면
사람들이 새가 되고 싶은 까닭을 안다
꿈의 둥지를 틀고

노래를 물어 나르는 새
새가 되어 어느 날 문득
잠들지 않는 섬에 이르러
풀꽃으로 날개를 접고
내리는 까닭을 안다.

모자를 벗고

글씨는 더더욱 모르고
붓도 제대로 못 잡으면서
추사秋史, 그 높은 다락을
목이 빠지게 올려다보고 다녔다
더도 덜도 말고 예서隸書 한 점만!
턱없는 소원 갖던 내 눈에
어느 날 인사동 골동가게에서
— 築屋松下 脫帽看詩
　　축 옥 송 하　탈 모 간 시
　　(소나무 아래 집을 지어 모자를 벗고 시를 읊는다)
여덟 글자가 번쩍 띄었다
낙관이 없어도
추사가 아니고는 흉내도 못 내는
신필神筆이거니
나는 덥석 품에 안았다
— 내 언제 모자를 벗고
시 앞에 서 본 일 있었던가
헛되이 종이에 먹물만 칠해온
부끄러움이 앞섰다
사랑땜도 하기 전에
글씨는 남의 손에 넘어갔지만

– 모자를 벗고,
그 말씀, 내게는 못다 쓸
천금千金으로 남아.

찔레

창호지 문에 달 비치듯
환히 비친다 네 속살꺼정
검은 머리칼 두 눈
꼭두서니 물든 두 뺨
지금도 보인다 낱낱이 보인다
사랑 눈 하나 못 뜨고 헛되이 흘려버린 불혹
거짓으로만 산 이 부끄러움
네게 던지마 피 걸레에 싸서
희디흰 입맞춤으로 주마
내 어찌 잊었겠느냐
가시덤불에 펼쳐진 알몸
사금파리에 찔리며 너를 꺾던
새순 돋는 가시 껍질째 씹던
나의 다디단 전율을
스무 해 전쯤의 헛구역질을

2

겨울 자연

나의 자정子正에도 너는
깨어서 운다
산은 이제 들처럼 낮아지고
들은 끝없는 눈발 속을 헤맨다.
나의 풀과 나무는 어디 갔느냐.
해체解體되지 않는 영원
떠다니는 꿈은 어디에 살아서
나의 자정을 부르느냐.
따순 피가 돌던 사랑 하나가
광막廣漠한 자연이 되기까지는
자연이 되어 나를 부르기까지는
너는 무광無光의 죽음,
구름이거나 그 이전의 쓸쓸한 유폐幽閉.
허나 세상을 깨우고 있는
꿈속에서도 들리는 저 소리는
산이 산이 아닌, 들이 들이 아닌
모두가 다시 태어난 것 같은
기쁨 같은 울음이 달려드는 것이다.

잔盞

풀이 되었으면 싶었다
한 해에 한 번쯤이라도 가슴에
꽃을 달고 싶었다
새가 되었으면 싶었다
봄, 여름, 가을, 겨울을
목청껏 울고 싶었다
눈부신 빛깔로 터져 오르지는 못하면서
바람과 모래의 긴 목마름을 살고
저마다 성대는 없으면서
온몸을 가시 찔리운 채 밤을 지새웠다
무엇하러 금세기에 태어나서
빈 잔만 들고 있는가
노래를 잃은 시대의 노래를 위하여
모여서 서성대는가
잠시 만났다 헤어지는 것일 뿐
가슴에 남은 슬픔의 뿌리 보이지 않는다.

그곳이 참하 꿈엔들 잊힐리야*

돌아가야 한다
해마다 나고 죽은 풀잎들이
잔잔하게 깔아놓은 낱낱의 말을 들으러
피가 도는 짐승이듯
눈물 글썽이며 나를 맞아줄
산이며 들이며 옛날의 초가집이며
붉게 타오르다가는 잿빛으로 식어가는
저녁놀의 울음 섞인 말을 들으러
지금은 떨어져 땅에 묻히었으나
구름을 새어나오는 달빛에 몸을 가리고
어스름 때의 신작로를 따라나오던
사랑하는 여자의 가졌던 말을
끝내 홀로 가지고 간 말을 들으러
그러면 나이 먹지 않은 나의 마을은
옛 모습 그대로 나를 받으며
커단 손바닥으로 얼굴을 닦아주고
잊었던 말들을 모두 찾아줄
슬픔의 땅, 나의 리야잔으로.

*) 정지용의 「향수」에서 따옴.

노래여 노래여

1

푸른 강변에서
피묻은 전설의 가슴을 씻는
내 가난한 모국어
꽃은 밤을 밝히는 지등처럼
어두운 산하에 피고 있지만
이카로스의 날개 치는
눈 먼 조국의 새여
너의 울고 돌아가는 신화의 길목에
핏금 진 벽은 서고
먼 산정의 바람기에 묻어서
늙은 사공의 노을이 흐른다
이름하여 사랑이더라도
결코 나뉘일 수 없는 가슴에
무어라 피 묻은 전설을 새겨두고
밤이면 문풍지처럼 우는 것일까

2

차고 슬픈 자유의 저녁에

나는 달빛 목금을 탄다
어느 날인가, 강가에서
연가의 꽃잎을 따서 띄워 보내고
바위처럼 캄캄히 돌아선 시간
그 미학의 물결 위에
영원처럼 오랜 조국을 탄주彈奏한다
노래여
바람 부는 세계의 내안內岸에서
눈물이 마른 나의 노래여
너는 알리라
저 피안彼岸의 기슭으로 배를 저어간
늙은 사공의 안부를
그 사공이 심은 비명碑銘의 나무와
거기 매어둔 피 묻은 전설을
그리고 노래여
흘러가는 강물의 어느 유역에서
풀리는 조국의 슬픔을
어둠이 내리는 저녁에
내가 띄우는 배舟의 의미를
노래여, 슬프도록 알리라

3

밤을 대안對岸하여
날고 있는 후조
고요가 떠밀리는 야영의 기슭에
병정의 편애偏愛는 잠이 든다
그때. 풀꽃들의 일화逸話 위에 떨어지는
푸른 별의 사변思辨
찢긴 날개로 피 흐르며
귀소歸巢하는 후조의 가슴에
향수는 탄피처럼 박혀든다
아, 오늘도 돌아누운 산하의
외로운 초병이여
시방 안개와 어둠의 벌판을 지나
늙은 사공의 등불은
어디쯤 세계의 창을 밝히는가
목마른 나무의 음성처럼
바람에 울고 있는 노래는
강물 풀리는 저 대안對岸의 기슭에서
떠나간 시간의 꽃으로 피는구나.

북위선 北緯線

1

서투른 병정은 가늠하고 있다.
목탄으로 그린 태양의
검은 크레파스의, 꽃밭의, 지도의
눈이 내리는 저녁 어귀에서
병정은 싸늘한 시간 위에 서 있다.
지금은 몇 도 선상인가.
그리고 무수히 탄우彈雨가 내리던
그 달빛의 고지는 몇 도 부근이던가.
가슴에는 뜨거운 포도주
한 줄기 눈물로 새김하는 자유의
피비린 향수鄕愁에 찢긴 모자.
이슬이 맺히는 풀잎마다의 이유와
마냥 어둠의 표적을 노리는
병정의 가슴에 흐르는 빙하.
그것은 얼어붙은 눈동자와
시방 날개를 잃는 벽이었던가.
꽃이었던가.

2

한 마리 후조候鳥가 울고 간
외로운 분계선
산딸기의 입술이 타던 그 그늘에
녹슨 탄피가 잠들어 있다.
서로 맞댄 산과 산끼리 강과 강끼리
역한 어둠에 돌아누운 실재實在여
빈 바람이 고요를 흔들어가는
상잔相殘의 동구 밖에 눈이 내리고
어린 사슴의 목쉰 울음이
메아리쳐 돌아간 꽃빛 노을 앞에서
반쯤 얼굴을 돌린 생명이여
사랑보다 더한 목마름으로
바라보아도 저기 하늘 찢긴 철조망.
한 모금 포도주의 혈즙血汁으로
문질러도 보는 이 의미의 땅에서
병정이여
조국은 어디쯤 먼가.
눈 먼 신화의 골짜기 나무는 나무대로

바람은 바람대로 소스라쳐 뒹굴던
뿌연 전쟁의 허리춤에서
성냥불처럼 꺼져간 외로운 자유.
그 이지러진 풍경 속에
오늘도 적멸의 눈이 내린다.

　3

누가 잃어버린 것일까
황토흙에 묻힌 군화 한 짝
언어도 없는 비명碑銘의 돌아선 땅에서
누가 마지막 입맞춤 마지막 포옹을
묻어두고 간 것일까.
국적도 모르고 군번도 없는 채,
버리운 전쟁의 잠꼬대여
멀리 흐느끼는 야영夜營의 불빛은
검은 고양이의 걸음으로 벽을 오르고,
후미진 밤의 분계선 근처에
병정의 음악은 차게 흐른다.
허나 돌과 나무 어느 하나도

손금처럼 따숩게 매만질 수 없는
빙점의 북위선
작고 파닥이는 소조小鳥의 가슴처럼
피가 사위는 대안對岸이여
세계가 귀대이는 초소에서
오늘도 전단의 눈발을 맞는 간구懇求
그 목마른 안존安存 위에
떨리는 자유여 강하江河여
서투른 병정이 가늠한 두 개의 판도.
검은 크레파스의 태양의 꽃밭의
싸늘한 시간 위에서
병정이여 여기는
북위선 몇 도의 어둠 속인가.
눈이 내리는 찬 지경地境의
북위선 몇 도의 사랑 밖인가.

풀꽃

흔들리면서 바람 속에 떨면서
너는 또 시들어지겠구나.
지고至高의 울음을 울면서
일체를 거부하던 너의 외로움이
이제 마른 잎으로 땅에 눕겠구나.

비록 여린 바람에 흔들려도
너의 뿌리는 뜨거운 눈물에 젖어 있던 것
그러나 아름다움은 한 평 땅에 묻히고
나는 너의 흐느낌에 매달려
허용받지 못한다.
아무 구원도 갖지 못한다.

건널 수 없는 이 많은 시간
너의 애잔한 꿈의 곁으로 가는
한 가닥 나의 사랑의 빛.
먼 데서 오는 너의 가녀린 숨결을 들으며
부자유不自由 속의 나의 영혼은
이 가을 시름거리며 앓는다.

사랑 앞에서는 돌도 운다
— 벼루읽기

(혜산兮山*선생은 남한강으로 돌을 찾아다니시며 「수석열전」을 쓰셨다)

 신이 빚어낸 돌들의 그 아름다움의 깊이를 들을 줄도 모르면서
 붓을 잡을 줄도 모르면서
 글자의 속뜻을 헤아릴 줄도 모르면서
 사랑 하나 읽을 줄도 모르면서
 돌을 알아보는 이들이
 붓을 잡을 줄 아는 이들이
 글자의 뜻을 아는 이들이
 사랑을 읽을 줄 아는 이들이
 생각을 갈고 사랑을 갈아 돌을 패이게 하던
 그런 벼루 하나쯤 만나 보겠다고 찾아 나선 것이
 스무 해 넘게 허둥대고 있다
 헛것들 많은 세상에서
 헛것 아닌 것이 있을까마는
 헛것에 눈이 씌워
 어렵사리 손에 잡은 벼루를 들고 와서
 물소리를 흘려 먹때를 벗기다 보면

검은 물소리에 섞여 풀려나오는
소리가 손끝에 만져질 때가 있다
돌의 울음소리?
아무렴 숱한 낮과 밤을
생각으로 갈고 사랑으로 닦으면서
저렇듯 살이 패어지기까지
닿았던 손길들을 돌인들 어찌 무심할 수 있으랴
사실은 들을 줄 아는 귀도 없으면서
벼루를 만나서는 눈을 반짝 뜨던
속울음을 듣는 척도 해보는

*) 박두진 선생의 아호.

빼앗긴 말
— 벼루읽기

바다에게서
바다라는 말을 빼면
나는 바다가 될 것이다

섬에게서
섬이라는 말을 빼면
나는 섬이 될 것이다

안개에게서
안개라는 말을 빼면
나는 안개가 될 것이다

바람에게서
바람이라는 말을 빼면
나는 바람이 될 것이다

내게서 뺏어간
바다라는 말
섬이라는 말
안개라는 말
바람이라는 말

그 말을 갖지 못해서
나는 먹을 갈고 있다

하동河童
― 벼루읽기

우리나라의 벼루들은 압록강 기슭의 위원渭原에서 나오는 화초석花艸石이 으뜸인데요, 녹두색과 팥색이 시루떡처럼 켜켜이 층을 이뤄서 마치 풀과 꽃이 어우러지는 것 같대서 이름도 화초석花艸石인데요, 거기 먹을 가는 돌에다 우리네 사는 모습이며 우주만물을 모두 새겨놓았는데요, 그 조각들은 사람의 솜씨가 아니라 귀신의 짓거리라고밖에는 볼 수 없는데요, 내가 가진 그것들 중의 하나에는 열한 명의 아이들이 냇가에서 벌거숭이로 모여서 놀고 있었는데요, 삼백 년쯤 전에도 이중섭李仲燮이 살았던 것인지? 고추 뻗치고 오줌 싸는 놈, 발버둥치고 앉아서 우는 놈, 개헤엄치고 물장구치는 놈, 씨름 한판 붙자고 덤벼드는 놈, 고 녀석들 얼굴표정이며 손발의 놀림이 살아서 팔딱거리는데요, 자세히 들여다보면 어린 날 동네 아이들과 냇가에서 멱감던 내가 그 속에 있는 것인데요, 물가에는 가지 말거라. 외동아들 행여 명이 짧을까 걱정하시던 어머니의 목소리도 들리는데요. 어머니 세상 뜨신 지금도 나는 어머니의 말씀 안 듣고 세상의 깊은 물속에서 개헤엄으로 허우적거리고만 있는 것인데요.

절필絶筆

아직 밖은 매운바람일 때
하늘의 창을 열고
흰 불꽃을 터뜨리는
목련의 한 획,
또는
봄밤을 밝혀 지새우고는
그 쏟아낸 혈흔血痕을 지워가는
벚꽃의 산화散華,
소리를 내지르며 달려드는
단풍으로 알몸을 태우는
설악雪嶽의 물소리,
오오 꺾어봤으면
그것들처럼 한번
짐승스럽게 꺾어봤으면
이 무딘 사랑의
붓대.

3

명사산鳴沙山
— 돈황敦煌 1

살빛도 그렇지만
젖가슴이며 허리며 잠자는 시늉으로 누워 있는
여자의 알몸 같은 명사산을 만났다
— 모래가 운다고?
— 바람이 우는 것이 아니라고?
저 달달 볶는 햇볕에 타다 못해
떡가루처럼 빻여진 모래가
산을 이루기까지 지구는
몇 광년이나 헛바퀴를 돌았는가
방울 소리를 내는 쌍봉낙타를 타고
끄덕끄덕 여자의 사타구니 모양을 한
오아시스 월아천月牙泉을 바라보다가
(제길 모래가 우는 게 아니라
여자가 울고 있던 것이여)
발목까지 푹푹 빠지며
굶주린 알몸의 여자, 명사산을
기진맥진하도록 울리느라
후들거리는 다리를
겨우.

노을

어디 계셔요,

인공 때 집 떠나신 후
열한 살 어린 제게
편지 한 장 주시고는
소식 끊긴 아버지

오랜 가뭄 끝에
붉은 강철 빠져나가는
서녘 하늘은
콩깍지동에 숨겨놓은
아버지의 깃발이어요.

보내라시던 옷과 구두
챙겨드리지 못하고
왈칵 뒤바뀐 세상에서
오늘토록 저녁해만 바라고 서 있어요.

너무 늦은 이 답장
하늘 끝에다 쓰면
아버지
받아보시나요.

이 산 저 산

어디, 깊은 골짜기 눈 녹는 물

어디, 물 위에 떠도는 꽃잎

어디, 꽃잎 속에 숨은 별빛

어디, 별빛 쏟아져 내려

쏟아져 내려

몸살이듯 봄풀 돋는

봄풀 불이 붙는

불붙어 타는

이 산 저 산

어디?

깃발

아버지는 깃발을 숨기고 사셨다
내가 그 깃발을 처음 본 것은
국민학교 5학년 때였다
해방 전부터 시작된 감옥살이에
몸이 상할 대로 상한 아버지는
할아버지의 석방노력과 설득에
겨우 마음을 돌려
농사를 짓겠다고 나선 지
한 해도 못되어 육이오가 일어났다
— 너 재집이하고
　 명룡이네 좀 다녀 오거라
인민군이 어디쯤 내려왔는지
아직 전쟁바람도 안 불고
태극기가 우리나라 깃발이던 어느 날
이웃집 재집이와 나는
재 넘어 사는 명룡이 아버지가
집모퉁이 콩깍지동 속에서 꺼내주는
종이 깃발을 품속에 안고 돌아왔다
운동회날 하늘을 덮던
만국기들 속에는 보지 못했던 그 깃발

아버지는 언제부터 무엇에 쓰시려고
숨겨두고 계셨던 것일까
그 깃발의 세상이 오자
아버지는 온양으로 떠나셨고
오늘토록 돌아오시지 않는다.
어머니와 우리 세 남매의
행복을 앗아간 깃발 하나
오래도록 내 안에서
입 다문 슬픔으로 펄럭이고.

억새

내가 사랑하는 것 죄다
아파하는 것 죄다
슬퍼하는 것 죄다
바람인 것 죄다
강물인 것 죄다
노을인 것 죄다
내가 버리지 못하는 것 죄다
죄다 죄다 죄다

너는 버리고 있구나

흰 머리 물들일 줄도 모르고
빈 하늘만 이고 서 있구나

돌아가는 길
내다보고 있구나.

수사 修辭

이제 더 남은 것은 무엇인가
목숨을 뿌리친 뒤엔
무엇이 오는가
사는 세상에 가득한 것은
아름다움일 뿐
사랑일 뿐
내가 형언形言할 한 파람의 바람도 불지 않는다
깨어 있는 것아
우리 모두 뿌리 상한 영혼이 되어
이 질펀한 꿈의 밤을 헤매임은
끝내는 목숨 하나로 매여 있는
풀리지 않는 설움 때문이다.

서해안

무수한 시간들이 밀려와서 부서지고 부서진다.
바다가 우는 것이라고 보면 우는 것이고
아득하다고 하면 하늘 끝은 아득하기만 할 뿐이다.
억새풀아, 억새풀아
태어나서 죽을 때까지 바다의 무엇이 그리운 것이냐.
밀물로 와서 주는 말
썰물로 가면서 남기는 말
모래톱은 씻기우면서 살 부비면서 쌓이고,
지나가면 남는 것은 아무것도 없다.
다만 한순간을 보일 뿐인 서해낙일西海落日
타는 숯덩이 같은 해를 바다가 삼킬 때,
세상의 적막이 다시 끓어오르는
외로움의 끝, 끝에서 사는 것이다.

들길에서

내 다다르니
풀들이 숨을 거두고 있다
이제 몇 섬의 건초가
이 들길을 덮겠구나
지난여름의 이슬을 받고 받아서
백白, 자紫빛 피워 올리던 꽃들
그 삶의 자리를 비운 뒤
바람의 울음소리를 설거지하고
돌아간 뒤
부르는 것이 없더니
마악 겨울잠에 떨어지는
풀씨의 눈이 숨어서
내게 남은 말을 끝내려 한다
떠나는 것이 아니라
예서 만나는구나
삶과 죽음이 이렇게 닿아서
잠시의 사랑을 사르고 있다.

귀가

석유난로에 둘러앉아 우리들은
돌아오지 않는 친구들을 기다린다.
난로 속에서 타고 있는 것은
석유가 아니라 우리들의 설움
이글거리는 것은 우리들의 노여움
아침 출근을 하며
아무렇지도 않은 아내*를 돌아보며
무심히 귀가할 수 없는 오늘을
예감하던 친구
빈처貧妻의 무엇은 고향이라고 떠들며
단칸방의 한밤중 새끼들의 눈을
피한다는 친구
내기 바둑을 두며 중국빵을 씹으며
돌아오지 않는 친구들을 기다리다
밤 11시 우리들은 광화문에 흩어졌다.
몇몇은 수유리행 버스를 타고
통금 시간을 계산하며
몇몇은 술집으로 가고
그날 우리들의 귀가는 늦어졌다.

*) 정지용의 「향수」에서 따옴.

들꽃

이름을 가진 것이
이름 없는 것이 되어
이름 없어야 할 것이
이름을 가진 것이 되어
길가에 나와 앉았다.

꼭 살아야 할 까닭도
목숨에 딸린 애련 같은 거 하나 없이
하늘을 바라보다가
물들다가
바람에 살을 부비다가
외롭다가
잠시 이승에 댕겼다가 꺼진
반딧불처럼
고개를 떨군다.
뉘엿뉘엿 지는 세월 속으로만.

대백두大白頭에 바친다

1

외치노라
하늘이란 하늘이 모두 모여들고
햇빛이 죽을힘을 다해 밝은 거울로 비춰주는
이 대백두의 멧부리에 올라
비로소 배달겨레의 모습을 보게 되었노라
내 청맹과니로 살아왔거니
나를 낳은 내 나라의 산자락 하나
물줄기 하나 읽을 줄 몰랐더니
백두의 큰 품 안에 들고서야
목청을 열어 울게 되었노라
보라
바람과 구름을 멀리 보내고
눈과 비 뿌린 흔적 하나 없이
홀로 우뚝 솟고 홀로 넉넉하며 홀로 빛을 모으는
백두의 얼굴, 백두의 가슴, 백두의 팔과 다리를
이 겨레를 낳고 기른 살과 뼈 마디마디
나를 불태워 한 줌 흙으로 받아들인다
어머니의 어머니, 할아버지의 할아버지를 낳은

태胎에 돌아와서
자랑스러운 내 나라 만년 역사의 숨소리를 듣는다
맨 처음 땅을 덮는 불이었다가
물을 빚어 나무와 풀과 날것들에게
목숨을 준 창조의 신神 백두
동으로 서로 남으로 북으로
산을 짓고 강을 깎아
한 나라 한 겨레의 영원한 보금자리를 닦았거니
환웅님 세우신 신시神市
단군님 일으키신 조선의 크고 밝음이
오늘토록 줄기차게 뻗어내리고 있지 않느냐
거룩하고 거룩하다
천문봉에 올라 엎드려 절하고
우러르는 천지의 모습
하늘도 눈을 뜨지 못하는
저 깊고 푸른빛의 소용돌이
바로 이것이다
이 겨레 으뜸으로만 살아야 하는 까닭
누만대累萬代가 흘러도 나날이 새로운 빛으로만
목숨을 얻을 수 있는 까닭

오 오 불의 불, 물의 물, 빛의 빛, 힘의 힘
시간도 여기서 태어난다
그렇다 천지를 어찌 다 헤아릴 수 있으랴
나도 다만 한순간의 불티일 뿐
내가 어떻게 이 세상에 왔고
나라는 어디 있고 겨레는 누구인가를
아득히 꿈속처럼 뵈올 뿐
대백두 그 한없이 높고 한없이 깊은 말씀
어찌 다 이를 수 있으랴

   2

내 나라는 반도가 아니다
압록강과 두만강은 끝이 아니라 시작이다
옛 조선의 지도를 다시 찾아야 한다
저 굽이굽이 펄펄 끓는
고구려의 말발굽 소리를 들어라
백두의 불과 물이 이르는 땅은
모두 내 나라요 내 겨레의 터전이다
겨레여

이 백두에 올라 보라
처음부터 물려받았고
마침내 다시 찾고야 말
끝 모를 땅이 저기 부르고 있다
하물며 반세기 역사, 반세기의 지도를 두고
가슴 조이고 아파할 일이 무엇인가
이 백두에 와서 보라
한 핏줄 나눈 형제끼리 싸우는 일이며
기쁨이며 슬픔, 사랑이며 미움, 분노이며 용서 따위가
얼마나 부질없고 부끄러운 일인가를
1989년 8월 15일
나는 작디작은 물고기가 되어
장백폭포를 거슬러 올라
천지의 물가에 닿는다
손을 담근다
천지가 내 안에 기어들고
내가 천지에 녹는다
엎드려 물을 마신다
내 썩은 창자의 창자 속에서 솟구치는
견딜 수 없는 힘이 나를 물속에 빠뜨린다

나는 일파만파로 천지의 물살을 가른다
어머니의 태胎 안이듯 꿈의 꿈, 사랑의 사랑 속에 노닌다
이대로 오르고 싶다
하느님의 밧줄을 잡고
불과 물이 뒤섞이는 바닥까지 내려가고 싶다
겨레여, 6천만이여
아니 6천만의 아들의 아들, 딸의 딸들이여
철철 넘치는 이 하늘샘에 오라
태평양에도 대서양에도 뿌리를 내리는
백두산 천지에 와서
영원히 사는 겨레, 영원히 하나인
겨레의 어머니 품에 안겨보라

3

일어서라
백두대간은 다시 불기둥을 세워
지구촌의 가장 드높은 봉우리임을 선언하라
압록이며 두만이며 송화며
한라며 지리며 금강이며 묘향이며

부챗살처럼 퍼진 긴 백두의 산맥을 일으켜
북을 울리라
우리에게 설움이 있었더냐
짓밟힘이 있었더냐 쓰라림이 있었더냐
아니다
더 큰 역사, 더 큰 나라 되기 위한
스스로의 담금질이었을 뿐
우리에게 종속이 있을 수 없고
분단이 있을 수 없고
더더욱 상잔相殘이 어디 있으랴
그러나 오늘 이 겨레 매인 사슬
더러는 쓰러지고 더러는 찢긴 피 흘림의 자국
이 크나큰 밝음 앞에서도
눈 감고 길을 잃는 어리석음이 있나니
아직 다 못 가진 내 강토가 있나니
백두대간이여
다시 한 번 불을 뿜어다오
천둥소리를 들려다오
통일의 새벽을 열어다오
아 아 백두산 천지

나는 부르지 못한다
온 겨레가 목놓아 부르는 합창이 아니고는
나는 노래할 수가 없다
허나 내 다시 오리라
통일이 오는 날 다시 와서
참았던 불덩이 같은 울음 터뜨리리라
겨레 함께 껴안고
더덩실 춤추며 날아오르리라.

4

독도 만세

하늘의 일이었다
처음 백두대간을 빚고
해 뜨는 쪽으로 바다를 앉힐 때
날마다 태어나는 빛의 아들
두 손으로 받아 올리라고
여기 국토의 솟을대문 독도를 세운 것은

누 억년 비, 바람 이겨내고
높은 파도 잠재우며
오직 한반도의 억센 뿌리
눈 부릅뜨고 지켜왔거니
이 홀로 우뚝 솟은 봉우리에
내 나라의 혼불이 타고 있구나

독도는 섬이 아니다
단군사직의 제단이다
광개토대왕의 성벽이다
바다의 용이 된 문무대왕의 뿔이다
불을 뿜는 충무공의 거북선이다
최익현이다, 안중근이다, 윤봉길이다

아니 오천 년 역사이다
칠천만 겨레이다

누가 함부로
이 성스러운 금표禁標를 넘보겠느냐
백두대간이 젖을 물려 키운 일본 열도
먹을 것, 입을 것을 일러주고
말도 글도 가르쳤더니
먼 옛날부터 들고양이처럼 기어 와서
우리 것을 빼앗고 훔치다가
끝내는 나라까지 삼키었던
그 죗값 치르기도 전에
어찌 간사한 혀를 널름거리는 것이냐

우리는 듣는다
바다 속 깊이 끓어오르는
용암의 소리를
오래 참아온 노여움이
마침내 불기둥으로 솟아오르려
몸부림치는 아우성을

오냐! 한 발짝만 더 나서라
이제 독도는 활화산이 되어
일본 열도를 침몰시키리라
아예 침략자의 종말을 보여주리라

그렇다
독도는 사랑이고 평화이고 자유이다
오늘 우리 목을 놓아 독도 만세를 부르자
내 국토의 살 한 점 피 한 방울도
함부로 건드리지 못하게
서로 얼싸 부둥켜안고
영원한 독도선언을 외치자
하늘도 땅도 바다도 목청을 여는
독도 만세를 부르자

자화상

― 너는 장학사張學士의 외손자요
  이학자李學者의 손자라
머리맡에 애기책을 쌓아놓고 읽으시던
할머니 안동김씨는
애비, 에미 품에서 떼어다 키우는
똥오줌 못 가리는 손자의 귀에
알아듣지 못하는 말씀을 못 박아주셨다
내가 태어나기 전부터
나라 찾는 일 하겠다고
감옥을 드나들더니 광복이 되어서도
집에는 못 들어오는 아버지와
스승 면암勉庵*의 뒤를 이어
조선 유림을 이끌던 장후재張厚載학사의
셋째 딸로 시집와서
지아비 옥바라지에 한숨 마를 날 없는 어머니는
내가 열 살이 되었을 때
겨우 할아버지 댁으로 들어왔다
그제서야 처음 얼굴을 보게 된 아버지는
한 해 남짓 뒤에 삼팔선이 터져
바삐 떠난 후 오늘토록 소식이 끊겨 있다

애비 닮지 말고 사람 좀 되라고
— 비례물시非禮勿視 하며
  비례물청非禮勿聽 하며
  비례물언非禮勿言 하며
  비례물동非禮勿動 하며……
율곡栗谷*의 「격몽요결擊蒙要訣」을
할아버지는 읽히셨으나
나는 예 아닌 것만 보고
예 아닌 것만 듣고
예 아닌 것만 말하고
예 아닌 짓거리만 하며 살아왔다
글자를 읽을 줄도 모르고
붓을 잡을 줄 모르면서
지가 무슨 연벽묵치硯癖墨癡*라고
벼루돌의 먹때를 씻는 일 따위에나
시간을 헛되이 흘려버리기도 하면서.
그러나 자다가도 문득 깨우고
길을 가다가도 울컥 치솟는 것은
— 저놈은 즈이 애비를 꼭 닮았어!
할아버지가 자주 하시던 그 꾸지람

당신은 속 썩이는 큰아들이 미우셨겠지만
― 아니지요 저는 애비가 까마득히
  올려다 보이거든요
칭찬보다 오히려 고마운 꾸중을
끝내 따르지 못하고 나는 오늘도
종아리를 걷고 회초리를 맞는다.

*) 면암勉庵 : 최익현崔益鉉의 호.
*) 율곡栗谷 : 이이李珥의 호.
*) 연벽묵치硯癖墨癡 : 문방사우에 빠지는 어리석음.

선죽교

― 그래 이제야 왔느냐
큰절도 안 받으시고
― 잘도 길을 찾아왔구나
손도 안 잡아주시고
― 네 눈에 대나무가 보이느냐
꾸지람도 없으시고
― 함부로 건너지 마라
돌울타리 쳐 놓으시고
― 나 여기 있느니라
세월을 저만치 밀어내시고
― 너 뜻을 아느냐
단심가를 새겨 주시지도 않고
― 내 뱃속에 글이 있어
나라를 그르쳤구나*
말씀 없는 말씀
예, 예, 예,
머리만 조아리다 발길 돌리는

*)정몽주의 시 「복리유서환오국腹裏有書還誤國」을 풀어썼음.

다시 냉이꽃

하늘은 무슨 땡볕을
그리 달구어 내리 쬐이던지
땅은 또 떡시루를 연 듯
뜨거운 입김을 뿜어 올리던
한여름 그 밭고랑에 나가 앉으시던
어머니, 바로 그맘때쯤인
신사년 윤 유월 스무사흘 새벽
내 몰라라 잘도 삭히셨던
가시방석보다 더 쓰리고 아픈
망백望百의 세월 훌훌 털어버리시고
언제 어디로 가셨는지 모르는
지아비를 찾아 당신은 떠나셨습니다
저 조선왕조를 한 몸으로 지키려던
거유巨儒 면암勉庵*의 문하에서도
으뜸이던 장후재張厚載 학사學士의 셋째 딸로
타고난 복을 누렸을 만도 한데
어쩌다 나라 빼앗긴 세상을 만나
지아비 섬길 날도 모두 빼앗기고
한시도 마를 날 없는
슬픔의 긴 강을 건너오셨습니다

텃밭에서 이른봄부터 늦여름까지
당신의 손끝에 무수히 뽑히던 냉이꽃풀
그것들은 당신의 얼굴에서 내리던 것이
땀방울인 줄만 알았겠지요
이 못난 아들도 알아채지 못했으니까요
누군가 당신의 빈소에 와서
냉이꽃 할머니가 돌아가셨네요
짧은 한 마디에
당신은 고향집 텃밭에 앉아계셨습니다

*) 면암勉庵 : 최익현崔益鉉의 호.

만해백담萬海百潭

백담계곡에 오면
만해의 물소리가 들린다
설악이 안개, 구름을 모았다가
눈, 비를 모았다가
햇빛으로 달빛으로 별빛으로
씻고 씻어서 흘러내린
물소리가 들린다
불티로 날아간 한계寒溪 심원深源 영취靈鷲 등
절 그림자도 떠내려오고
떠돌이 설잠雪岑*이 깎은 머리카락도
이따금 낯선 외마디를 가르는 것이나
벼락 치듯 솟아지는 만해 물소리
삼천대천세계 두 동강 내는 소리
기미년 이 나라 들어 올리던 만세 소리
"님의 침묵"이 깨치는 산빛 소리
뎅그렁 뎅그렁
설악을 흔들며 흐른다
허물 많고 누더기 진 마음
조약돌을 집어 팔매질해도
물소리에 닿지 않는다

하늘을 떠받치고 있던 돌탑 하나
산문으로 들어와
가부좌跏趺坐를 틀고 앉는다
물소리에 귀는 멀고

*) 설잠雪岑 : 매월당 김시습金時習의 법명法名.

개화기

꽃은 아무렇게나 피어도 되는 것이 아니다
아무렇게나 진창으로 피어
이 산천을 덮어도 되는 것이 아니다
피는 때가 있어야 한다
피는 까닭이 있어야 한다
설움이거나
기쁨이거나
몸살 같은 사랑이거나
남북통일이라도 되거든 남북통일이 되는 까닭을
꽃은 흐드러지게 피어야 한다
꽃이 만발해서 이 나라에 지천이 되어도 좋다
한라산에서 까닭 없이
지리산에서 까닭 없이
영변약산寧邊藥山에서 까닭 없이 핀다 한들
기다리고 있는 사람들의 가슴을
채울 수 없지 않느냐
또 헛되이 봄 한철을 버리는 것이 아니냐
꽃은 아무렇게나 피어도 되는 것이 아니다

유랑 악사

그날 마장천의 검은 물을 네가 흐르게 하고
떠다니는 노래를 불러다가 비가 되게 하고
줄 끊긴 기타는 남아서 지금도 울고 있다
네가 풍기던 생활의 비린내를 뒤집어쓰고
나는 건없이 나이가 들어
십 년을 돌이킬 수가 없구나

한강은 솟아오른다

아침이 열린다
긴 역사의 숲을 거슬러 올라
어둠을 가르고 강이 태어난다
이 거친 숨소리를 받으며
뛰는 맥박을 짚으며
소리 지르며 달려드는 물살 앞에서
설움처럼 감춰온 한강의 이야기를 듣는다

강은 처음 어머니였다
살을 나누어 나라를 낳고
피를 갈라서 겨레를 낳고
해와 달과 별과 구름과 바람과
꽃과 새와 나무와 풀과 산과 들과
그리고 말씀과 노래와 곡식과 잠자리와
사랑과 자유와 믿음과……
강은 거듭나는 삶이었다

하늘이 있고 땅이 있는 날부터
숱한 목숨들을 일구면서
한편으로 죽어가는 것들을 지켜보면서

강은 끝없는 울음을 삼켰다
때로 지치고 쓰러지고
찢기고 피 흘리면서도 강은
다시 일어서서 달리고
더 큰 목숨을 부둥켜안고 왔다

나라는 나라로 갈리고
형제는 형제끼리 다투면서
칼과 창과 화살의 빗발이 서고
남과 북, 동과 서에서
틈틈이 밀고 들어오는 이빨과 발톱들……
강은 홀로 지키고 홀로 싸우며
마침내는 이기고야 말았다

온갖 살아있는 것들에게 젖을 주고
품에 안고 가꾸면서도
강은 늘 버림만을 받아왔다
먹을 것을 주면 썩은 껍질을 보내오고
꽃을 주면 병든 이파리를 던져오는
시달림과 아픔과 쓰라림을 견뎌왔고

끝내는 가시철망에 한 허리가 잘리는
눈감을 수 없는 슬픔을 만나야 했다

그러나 이제 강은 다시 태어났다
생채기를 주고 마구 더럽히던
그 아들과 딸들의 손으로
맑고 환한 피가 뛰는 숨결을 살려냈다
바다로 몰려나갔던 물고기떼가 돌아오고
제 고향으로 날아갔던
봄 여름 가을 겨울의 새들이 둥지를 틀고
뗏목이 흘러오던 그 물이랑에
오늘 한가로운 놀잇배가 두둥실 떴다

그렇다 들리느냐
정선아라리 굽이돌아 가슴에 젖고
한강수타령 장구춤에 흥겹구나
만선의 돛폭 올리며 징징징 울리는
그날의 뱃노래 다시 부르며
한강은 새색시 같은 어머니가 되어
푸른 치마폭 넘실 감싸준다

흘러가라
역사에 얼룩진 땟자국이여
나라의 어지러운 비바람이여
겨레의 앙금진 핏물이여
그리고 오직 사랑의 이름으로만
자유의 이름으로만 평화의 이름으로만
통일을 싣고 오라
깃발 드높이 통일을 싣고 오라.

달은 해를 물고
— 벼루읽기

돌로 태어나려면
꽃도 되고 풀도 되는

압록鴨綠 물을 먹고 자란
위원화초석渭原花艸石 닮아야지

붓농사 기름진 텃밭
일월연日月硯*으로 뽑혀 살게

달은 왜 해를 물고 있어
아니 해가 달을 물었나

하늘이 내린 솜씨
천지창조가 여기 있구나

아무렴 저 역성혁명 때
우리네 살림도 담아야지

산이거나 나무거나
꽃이거나 뭇 짐승이거나

세상에 좋고 이쁜 것
다 불러 살아가는

높고 먼 우주경영의
새 하늘이 뜨고 있다

*) 압록강 기슭 위원에서만 나는 화초석으로 깎은 일월연에는
   5백 년 전의 풍속도가 장생문長生文과 함께 새겨져 있다.

내가 왜 산을 노래하는가에 대하여

목숨을 끊은 양 누워
슬픔을 새김질해도

내 귀엔 피 닳는 소리
살 삭이는 소리

산, 너는 죽어서 사는
너무도 큰 목숨이다.

그 황토흙 무덤을 파고
슬픔을 매장하고 싶다

다시는 울지 않게
천의 현弦을 다 울리고 싶다

풀 나무 그것들에게도
울음일랑 앗고 싶다.

어느 비바람이 와서
또 너를 흔드는가

뿌리치려 해도
누더기처럼 덮여오는 세월

깊은 잠 가위눌린 듯이
산은 외치지도 못한다.

옥봉玉峰 이씨李氏*에게 답함

그대의 일대기一代記는 젖어 있다
살아있는 모든 것들의 울음으로
조선왕조의 기인 낮밤으로
그대 목숨의 사철은
눈물이 마르지 않는다
한 올 바람에도 살을 베이고
낮은 빗소리에도 피가 잦아들던
그대 낭자히 풀어놓은 꿈은
도처에 피 흘림으로 살아나서
지금의 사내들까지를 씌운다
내게는 보내오지 말라
천지를 건너고 건넌
그대 어질머리의 여자를
마른 풀잎이거나
아지랑이 같은 것으로도 그대
태어나지 말라
만남이 없는 꿈의 떠다님 속에
영원의 빙렬氷裂을 짜는
그대의 삶은 늘 깨어 있다.

*) 조선왕조의 여류시인.

5

연가戀歌

바다를 아는 이에게
바다를 주고

산을 아는 이에게
산을 모두 주는

사랑의 끝끝에 서서
나를 마저 주고 싶다.

나무면 나무 돌이면 돌
풀이면 풀

내 마음 가 닿으면
괜한 슬픔이 일어

어느새 나를 비우고
그것들과 살고 있다.

황진이

　　　1

어질머리로다
봄밤이 웬수구나

바늘에 사랑 꿰어
누비다 물어뜯다

산과 들, 꽃 만발이어도
몸은 아직 슬픔이구나

　　　2

어디 성한 곳 없는
뼈마디 마디

달빛은 웬 바다를
자꾸 밀어 넣나?

해일海溢도 꺾지 못하는
외로움은 섬처럼 크고

3

무덤에는 술 먹는 풀
뿌리째 노래이고

흙 속에 묻혔어도
소리 내는 피리 있어

봄밤엔 몸살 앓는 나무들
불을 켜고 떠다닌다

매디슨 카운티의 다리

한세상 살다가
모두 버리고 가는 날

내게도 쓰던 것
주고 갈 사람 있을까

붓이나 벼루 같은 것
묵은 시집 몇 권이라도

다리를 찍으러 가서
남의 아내를 찍어온

나이 든 떠돌이 사내
로버트 킨 케이트

사랑은 떠돌이가 아니던가
가슴에 붙박여 사는

인사동 나갔다가
벼루 한 틀 지고 온다

글 쓰는 일보다
헛것에 마음 뺏겨

붙박인 사랑 하나쯤
건질 줄도 모르면서.

황홀

몇백 년 숲 속에 몸을 숨기고
세상의 눈을 피했다는
불가사의의 하나라는 앙코르 유적에는
나무들의 별난 짝짓기가 있다
쥐라기 공원의 공룡들처럼
불끈대는 생식의 피를 주체할 수 없는지
돌로 지은 천 년 사원을 덮쳐
휘감은 아랫도리를 풀지 못하고 있다
형벌처럼 평생토록 살을 섞고 있는 나무들

요세미티 공원에는
벼락 맞은 나무들이 밑동은 숯이 되어 살고 있다
나무가 벼락을 맞을 때
벼락으로 사타구니가 불길에 휩싸일 때
나무는 하늘을 치받으며
얼마나 천둥 같은 울음을 내질렀을까
그 황홀을 뼛속에 새겨
삼천 년도 끄떡없는 나무들

사람도 나무만큼은 살아야지.

부침浮沈

잠들면 머리맡은 늘 소리 높은 바다
내 꿈은 내 물굽이에 잠겨 들고 떠오르고
날 새면 뭍에서 멀리 떨어진 아아 나는 외로운 섬.

철썩거리는 이 슬픈 시간의 난파難破
내 영혼은 먼 데 바람으로 밤새워 울고
눈 뜨면 모두 비어있는 홀로뿐인 부침浮沈의 날…….

사뇌가 思腦歌

　　　1
피는 꽃 보는 일도
내게는 왜 슬픔인가

눈멀어 봄 놓치고
사랑도 다 놓치고

강물만 휑하니 돌아가는
제 그림자도 놓치고

　　　2
어젯밤 만삭이던 달
오늘 저 몰골 좀 봐

봉두난발 풀어헤친
저 산들 왜 휘청거려?

봄 한 철 지나고 나면
둥치째 뽑히는 울음

3

세상 건너는 길
어디 하나뿐이겠나

그렇듯이 사랑도
외길만은 아닌 것을

불 지펴 살 내리는 가슴
황사바람만 불고 있다.

지귀志鬼

산과 물을 다 흔들어 봐
나만큼만 사랑 있나
허드레 풀꽃만 줍는
청맹과니 눈으로는
가슴속 달은 못 보고
히죽히죽 웃음만 보지

선덕善德은 나더러
밤에만 오라고 했다.
밤에만 몰래 와서
몸의 불을 꺼 달라 했다.
살과 뼈 검정이 되어
나는 낮도 밤이었다.

죽어서나 갖는 거
살아서는 못 갖는 거
살아서도 죽어서도
불이 되어 만나고 있어
한세상 태우고 남을
해보다 큰 사랑으로

목련

누이야
네 스무 살 적
이글거리던 숯불

밤마다 물레질로
뽑아 올리던 슬픔

누이야
네 명주빛 웃음이
눈물처럼 피었다

동해 바닷속의 돌거북이 하는 말

  돌엔들 귀 없으랴 천 년을 우는 파도소리, 소리……. 어질머리로다, 어질머
리로다, 내 잠 머리맡의 물살을 뉘 보낸 것이냐.
  천 년을 유수라 한들 동해 가득히 풀어놓은 내 꿈은 천의 용의 비늘로 떠 있도다.
  나는 금金을 벗었노라, 머리와 팔과 허리에서 신라 문무왕文武王 그 영화 아닌 속박, 안존 아닌 고통의 이름을 벗고 한 마리 돌거북으로 귀 닫고 눈멀어 여기 동해바다에 잠들었노라.
  천 년의 잠을 깨기는 저 천마총天馬塚 소지왕릉炤知王陵의 부름이었거니 아아 살이 허물어지고 피가 허물어져 불타는 저 신라 어린 계집애 벽화碧花의 울음소리, 사랑의 외마디 동해에 몰려와 내 귀를 열어,
  대왕암大王巖 이 골짜기에 나는 잠 못 드는 한 마리 돌거북.

벽壁
― 휴전선에

　　1

향수의 꽃이파리
핏빛 피어 눈에 감겨

어머니! 외마디 지르고
고지에 올라서면

저기 저
조국의 가슴을 찢어
줄기져 간 철조망.

　　2

응시凝視 눈빛을 거둬
문득 작은 돌을 본다.

입 다물어 굳었어도
품고 있는 슬픈 증언

자유를
사랑한 병사의
비문 없는 묘석인걸.

3

눈 쌓인 사각에서
불붙이던 정열이랑

신화의 골짝마다
스며진 젊은 피도

역겨워
하늘을 외면해서
풀꽃으로 피었는가.

4

가슴에 손 짚으면
심장은 파닥이고

의지는 총탄처럼
아득히 달려가도

못 뚫어
마주 서 보는
비원悲願의 문, 벽이여!

   5

세월이란 날개 속에
봄은 또 오리란다.

피 모아 쌓은 열망
그날엔 끓어지리.

무너져
강하가 되면
배를 질러가야지.

이 근 배

연 보

1940년 충남 당진에서 유학자인 이각현李覺鉉 공의 장남 선준銑濬 공과 거유 장후재張厚載 학사의 셋째 딸 순의順儀 여사의 외동아들로 태어남. 아호 사천沙泉.

1955년 당진상업고등학교 졸업.

1958년 서라벌예술대학 문예창작과 입학. 김동리·서정주 선생의 문하생으로 글짓기를 배움.
공초 오상순 선생께 아호 '사천'을 받음.

1960년 첫 시집 『사랑을 연주하는 꽃나무』를 서정주 선생 서문으로 간행.

1961년 경향신문 신춘문예 시조 「묘비명」 당선.
서울신문 신춘문예 시조 「벽」 당선.
조선일보 신춘문예 시조 「압록강」 입선.

1962년 동아일보 신춘문예 시조 「보신각종」 당선.
조선일보 신춘문예 동시 「달맞이꽃」 당선.

1963년 문공부 신인예술상(시부문) 수석상, 「달빛 속의 풍금」으로 수상.
문공부 신인예술상(시조부문) 수석상, 「산하일기」로 수상.

1964년 한국일보 신춘문예 시 「북위선」 당선.
문공부 신인예술상 문학부 특상, 시 「노래여 노래여」.
시동인지 『신춘시』 박이도, 이탄, 조태일, 이가림 등과 1969년까지 펴냄.

1967년 황희 선생 16대손 만산滿山 공의 차녀 연숙蓮淑과 결혼.
중앙출판공사 편집장.

1968년 동화출판사 주간(~1976년).

1972년 한국시인협회 상임위원.
한국문인협회 이사.
한국시조시인협회 부회장 피선.

1973년 국제펜클럽 한국본부 이사.
한국문인협회 시조분과위원장 피선.
≪문학사상≫ ≪월간문학≫ ≪민족과 문학≫ 외 각 문예지 시, 시조 신인상 심사위원(~2000년).

1976년 월간문예지 ≪한국문학≫ 발행인 및 주간(~1984년).

1977년 한국일보, 동아일보, 중앙일보, 문화일보, 조선일보, 서울신문, 대구매일, 농민신문 외 신춘문예 심사위원(~2005년).

1981년 시집『노래여 노래여』(문학세계사) 간행.

1982년 시조집『동해바다 속의 돌거북이 하는 말』출간.
서울예술대학문예창작과 시창작 강의(~1988년).

1983년 가람문학상 수상.
한국문인협회 부이사장 피선.

1984년 장편서사시 <한강> 한국일보에 주1회 1년 연재.

1985년 장편서사시집『한강』(고려원) 간행.

1986년 올림픽스타디움 개막기념 칸타타「산하여, 아침이여」작시(백병동 작곡, KBS 주최).

1987년 한국문학 작가상 수상. 중앙시조대상 수상.
경향신문 민요기행 <노래의 산하> 연재(~1988년).

1988년 서울올림픽기념 칸타타「조용한 아침의 나라」제4부 작시(장일남 작곡, MBC 주최).

1989년 기행문 <소련, 동구를 가다> 세계일보 연재.

1990년 동아일보 <문단수첩> 연재(~1991년).
계간 ≪민족과문학≫ 주간(~1992년).
기행문 <시가 있는 국토기행> 중앙일보 연재(~1993년).

1992년 <한시감상> 문화일보 연재(~1994년).

1993년 문학기행 <러시아 문학산실> 서울신문 연재.

1994년 한국시조시인협회 회장 피선.
서사시 <동학의 함성을 찾아서> 서울신문 연재.

1995년 추계예술대학 문예창작과 현대시론 강의(~1996년).
광복50주년기념 칸타타「대한민국」작시(나인용 작곡, KBS 주최).

1997년 기행문집 『시가 있는 국토기행』(중앙M&B) 간행.
중앙대학교 국문과 현대시론 강의. 육당문학상 수상(~1998년).
지용회 회장(~2010년).

1998년 재능대학 문예창작과 교수(~2004년).

1999년 공초(오상순)숭모회 회장(현재). 월하문학상 수상.

2000년 편운문학상 수상.
중앙일보 <시가 있는 아침> 연재(1~12월).

2002년 사단법인 한국시인협회 회장 역임(~2004년).
현대불교문학상 수상.

2003년 중앙일보 <남기고 싶은 이야기들> 연재(1~3월).
만해학교 교장(~2007년).

2004년 한국시인협회 평의원(현재).
4월 시집 『사람들이 새가 되고 싶은 까닭을 안다』(문학세계사) 간행.
시와시학 작품상 수상.

2005년 신성대학교 석좌교수(현재).

2006년 5월 시집 『종소리는 끝없이 새벽을 깨운다』(동학사) 간행.
7월 시조집 『달은 해를 물고』(태학사) 간행.
1월~12월 현대시조100년 세계민족시대회 집행위원장.
현대시조포럼 의장(현재).

2007년 제5회 유심작품상 수상.
1월 계간 ≪문학의문학≫ 주간(현재).

2008년 활판 시선집 『사랑 앞에서는 돌도 운다』(시월) 간행.

7월 대한민국예술원 회원(현재).

2009년 중앙대 예술대 석박사 과정 시창작 강의(~2011년).
10월 고산문학상 시조부문 수상.

2011년 2월 네이비문인클럽 회장(현재).
8월 제15회 만해대상 문학부문 수상.
10월 14일 은관문화훈장 수훈.

2012년 3월 만해대상심사위원장
간행물윤리위원장(~2015년).

2013년 8월 <한국시백년대회> 집행위원장.
12월 시집 『추사를 훔치다』(문학수첩) 출간.

2014년 3월 신성대학교 박물관장(~2017년 6월).
3월 제46회 한국시인협회상 수상.
4월 제4회 이설주문학상 수상.

2015년 5월 제27회 정지용문학상 수상.
12월 대한민국예술원 부회장(~2017년).

2017년 3월 한국시조대상 수상.
9월 제4회 심훈문학대상 수상.

2019년 11월 현재 중앙대학교 초빙교수.
세계한글작가대회 조직위원장(국제펜 한국본부).
대한민국예술원 회장(~2021년).

〖한국대표명시선100〗을 펴내며

한국 현대시 100년의 금자탑은 장엄하다. 오랜 역사와 더불어 꽃피워온 얼·말·글의 새벽을 열었고 외세의 침략으로 역경과 수난 속에서도 모국어의 활화산은 더욱 불길을 뿜어 세계문학 속에 한국시의 참모습을 드러내게 되었다.

이 나라는 글의 나라였고 이 겨레는 시의 겨레였다. 글로 사직을 지키고 시로 살림하며 노래로 산과 물을 감싸왔다. 오늘 높아져 가는 겨레의 위상과 자존의 바탕에도 모국어의 위대한 용암이 들끓고 있음이다.

이제 우리는 이 땅의 시인들이 척박한 시대를 피땀으로 경작해온 풍성한 시의 수확을 먼 미래의 자손들에게까지 누리고 살 양식으로 공급하는 곳간을 여는 일에 나서야 할 때임을 깨닫고 서두르는 것이다.

일찍이 만해는 「님의 침묵」으로 빼앗긴 나라를 되찾고 잃어가는 민족정신을 일으켜 세우는 밑거름으로 삼았으며 그 기름의 뜻은 높은 뫼로 솟아오르고 너른 바다로 뻗어나가고 있다.

만해가 시를 최초로 활자화한 것은 옥중시 「무궁화를 심고자」(《개벽》 27호 1922. 9)였다. 만해사상실천선양회는 그 아흔 돌을 맞아 만해의 시정신을 기리는 일의 하나로 '한국대표명시선100'을 펴내게 된 것이다.

이로써 시인들은 더욱 붓을 가다듬어 후세에 길이 남을 명편들을 낳는 일에 나서게 될 것이고, 이 겨레는 이 크나큰 모국어의 축복을 길이 가슴에 새겨나갈 것이다.

만해사상실천선양회

한국대표명시선100 | 이근배
살다가 보면

1판1쇄 발행 2013년 5월 10일
1판5쇄 발행 2022년 12월 27일

지 은 이 이근배
뽑 은 이 만해사상실천선양회
펴 낸 이 이창섭
펴 낸 곳 시인생각
등 록 번 호 제2012-000007호(2012.7.6)
주   소 고양시 일산동구 호수로 688. A-419호
         ⓤ10364
전   화 050-5552-2222
팩   스 (031)812-5121
이 메 일 lkb4000@hanmail.net

값 6,000원

ⓒ 이근배, 2013

ISBN 978-89-98047-37-5 03810

* 저자와의 협의에 의하여 인지를 생략합니다.
* 이 책의 저작권은 저자와 시인생각에 있습니다.
* 잘못된 책은 책을 구입하신 서점에서 교환하여 드립니다.

※ 이 책은 만해사상실천선양회의 지원으로 간행되었습니다.